Couvertures supérieure et inférieure
manquantes

GUIDE SOMMAIRE

DE

L'ÉTRANGER A LYON

PAR LOUIS ACCARIAS

LYON
IMPRIMERIE DE LOUIS PERRIN
rue d'Amboise, 6
—
1865

TABLE DES MATIÈRES

	Pages.
Avertissement	5
Hôtel-de-Ville	7
Palais des Arts	8
Grand Théâtre	9
Palais du Commerce	9
Rue Impériale	11
Rue de l'Impératrice	12
Place Louis-le Grand ou de Bellecour	12
Place Napoléon	13
Hôtel-Dieu	13
Cathédrale de Saint-Jean	14
Palais-de-Justice	15
Fourvière	15
Parc de la Tête d'Or	16
Eglise de Saint Nizier	17
Eglise d'Ainay	17
Chemin de fer de la Croix-Rousse	18
Bibliothèque de la Ville	19
Institution de La Martinière	19
Cours des Chartreux	19
Bateaux à vapeur-omnibus	20
Statue du maréchal Suchet	20
Fontaine de la place Louis XVI	21
Quais du Rhône et de la Saône	21
Temple des Protestants	22
Chapelle Evangélique	22
Temple Israélite	22
Casernes d'artillerie de la Part-Dieu	22
Eaux de la ville de Lyon	23
Notions générales	23

AVERTISSEMENT

La plupart des voyageurs qui visitent Lyon n'y peuvent ou n'y veulent faire qu'un séjour de courte durée.

Comment les aider à tirer tout le parti possible de leur rapide passage?

Mettre entre leurs mains un *Guide* complet, c'est-à-dire un volume de plusieurs centaines de pages, c'est leur offrir un auxiliaire dérisoire, et qu'ils n'hésiteront jamais à repousser.

Au contraire, ils accueilleront avec satisfaction un catalogue accompagné de notes substantielles et ne mentionnant que les choses les plus dignes d'attention.

Or, tel est le caractère de ce petit écrit.

Nous croyons qu'en trois jours bien employés, le voyageur peut épuiser le programme qui va suivre.

Mais, dans notre désir d'être utile même aux étrangers les plus pressés, nous avons fait précéder notre travail d'une table des matières, où l'on trouvera les monuments et les curiosités de Lyon rangés dans l'ordre qui leur est assigné par leur degré d'importance.

En suivant cet ordre, le voyageur aura la certitude de dépenser judicieusement les heures dont il lui sera possible de disposer.

Une dernière observation.

Ce n'était pas chose facile que de condenser en quelques pages toutes les indications que l'on trouvera ci-après.

Nous y sommes parvenus :

1° En nous abstenant de décrire toutes les choses que l'étranger pourra examiner par lui-même ; quelle description aurait valu le témoignage de ses yeux ?

2° En mettant de côté ces formules laudatives que l'amour-propre local prodigue si volontiers et qui sont trop souvent empreintes d'une exagération ridicule. En un mot, nous avons cru devoir laisser aux étrangers toute la sincérité de leurs impressions et toute la liberté de leurs jugements.

Louis ACCARIAS.

GUIDE SOMMAIRE

DE

L'ÉTRANGER A LYON

1865

Hôtel-de-Ville.

Construit de 1646 à 1655, sur les plans de Simon Maupin et Gérard Désargues, lyonnais. — Incendié en partie dans l'année 1674, — réparé et considérablement modifié, d'abord par le célèbre Mansard, au commencement du xviiie siècle ; ensuite, et quarante ans plus tard, par les architectes du Consulat. — Enfin, restauré généralement, tant à l'intérieur qu'à l'extérieur, de 1849 à 1865, sous la direction de M. Dardel, architecte de la ville, et de son successeur M. Tony Desjardins, lequel a publié une très-belle monographie du monument.

Edifice purement municipal jusqu'en 1859, l'Hôtel-de-Ville est aujourd'hui le siége de l'administration départementale.

Il faut visiter le premier étage, où se trouvent les salons de réception du préfet, et l'appartement de l'Empereur, appartement qui a été occupé par Napoléon III, en août 1860 et novembre 1864.

Dans le vestibule, ou salle des Gardes, on voit deux groupes en bronze, de dimensions colossales. Ils sont l'œuvre des frères Coustou, célèbres statuaires lyonnais.

L'Hôtel-de-Ville a 120 mètres de longueur sur 50 mètres de largeur.

Palais-des-Arts, ou Palais-Saint-Pierre.

Ancienne abbaye de chanoinesses nobles. — Construit au milieu du xviie siècle, sur les dessins de La Valfinière, architecte d'Avignon. — Souvent réparé et embelli dans la suite; augmenté d'un corps de bâtiment sur son côté oriental, en 1863 et 1864 (M. Desjardins, architecte).

Cet édifice contient des musées de peinture, de statues antiques, d'archéologie; une série de bustes représentant les Lyonnais illustres; des collections de médailles, de curiosités diverses, des galeries de minéralogie et de zoologie.

Il est le siége de plusieurs institutions, et notamment de l'Académie des sciences, arts et belles-lettres de Lyon, des Facultés des sciences et des lettres, de l'école dite de *Saint-Pierre*, qui a formé et forme tous les jours encore d'excellents artistes et de remarquables dessinateurs de fabrique.

Le Palais-des-Arts possède une bibliothèque de plus de 70,000 volumes, laquelle est très-riche en manuscrits et en gravures.

(Longueur de la façade principale : 100 mètres.)

Grand-Théâtre.

Construit de 1828 à 1831, par Antoine Chenavard, architecte lyonnais. — La salle a été refaite, douze ans plus tard, par M. Dardel. — C'est seulement en 1863 que l'attique de la façade a été couronné de huit statues, œuvres de MM. Bonnet, Bonassieux, Fabisch et Roubaud aîné, sculpteurs lyonnais. En 1864, on a exécuté le cannelage des colonnes engagées du premier étage. — Ce théâtre, ainsi que tout son mobilier et la plupart de ses décors, appartient à la ville de Lyon. — Un directeur, plus ou moins largement subventionné, y entretient, pendant neuf mois de l'année, une troupe d'opéra et une troupe de ballet.

Palais du Commerce.

Commencé le 25 mars 1856, inauguré par Leurs Majestés Impériales, en août 1860. — Construit par M. Dardel, avec la collaboration de MM. Léon Charvet et Monvenoux. — Les figures dont l'extérieur de l'édifice est orné, sont de M. Guillaume Bonnet, statuaire lyonnais.

En entrant par la façade nord, on pénètre d'abord dans un vestibule spacieux, à droite et à gauche duquel, des escaliers d'honneur conduisent aux divers étages de l'édifice. — Les coupoles de ces escaliers ont été peintes par M. Beuchot.

Visiter d'abord la salle de la Bourse, qui est au centre du palais. — On y remarque :

1° La frise du portique inférieur; elle offre les armoiries des principales villes de commerce du monde, sculptées par M. Robert;

2° Sous ce même portique, des figures allégoriques, par MM. Bonassieux et Roubaud aîné;

3° Au centre du portique supérieur (côté méridional), une horloge surmontée d'un groupe en marbre blanc, dû au ciseau de M. Bonassieux, et représentant les *Heures*;

4° Sous ce même portique, les quatre parties du monde, statues exécutées par M. Fabisch;

5° Enfin, vingt-quatre cariatides en bois, servant de support aux retombées du plafond; elles sont l'œuvre de M. Guillaume Bonnet.

Au premier étage, la salle d'audience du Tribunal de commerce et celle des réunions solennelles de la Chambre de commerce méritent d'être vues.

Le deuxième étage est entièrement consacré à un Musée *d'art et d'industrie*, dont les galeries ont été ouvertes au public en 1863. Ce musée est placé sous la direction de M. Jourdeuil, professeur à l'école des Beaux-Arts.

M. Dardel, architecte du Palais du Commerce, a fait exécuter une belle monographie de ce monument.

(Longueur, 65 mètres; largeur, 58 mètres.)

Rue Impériale.

C'est la plus belle rue de Lyon; sa largeur est de 22 mètres. — Elle se compose de deux sections inégales, dont la plus longue a 700 mètres, et la plus courte 200 mètres.

Ouverte et construite en moins de quatre ans (1853 à 1857), sous la direction de M. Poncet, architecte. — Les maisons qui la bordent appartiennent, pour la plupart, à une Compagnie de capitalistes.

Dans le parcours de la rue Impériale, et en partant de la place de la Comédie, on rencontre successivement :

1° L'hôtel de la Banque de France ;
2° Le Palais du Commerce (*voyez page 9*) ;
3° Les magasins de nouveautés de la *Ville de Lyon*, installés dans un édifice isolé sur ses quatre faces, et d'une architecture remarquable par son élégance et son caractère tout spécial ;
4° La place Impériale, ornée de squares et d'une fontaine dont la vasque est formée d'un monolithe de dimensions peu communes.

C'est dans la rue Impériale que se trouvent les plus beaux cafés de Lyon, et notamment les cafés des Deux-Mondes, Forni, Casati, Maderni, et du XIX⁰ Siècle, ce dernier tenu par le célèbre professeur de billard Berger.

Dans la seconde section est le Casino, vaste café chantant.

Rue de l'Impératrice.

Cette rue a 15 mètres de largeur et un kilomètre de longueur. — Elle a été percée, pour le compte de la ville de Lyon, par M. Bonnet, ingénieur en chef du service municipal. — L'exécution des travaux de la rue de l'Impératrice a eu lieu de 1858 à 1862. — Les maisons qui la bordent sont très-variées de style; plusieurs sont ornées de statues. — La maison Marix, située vers l'extrémité méridionale de la rue de l'Impératrice, et portant le n° 96, mérite d'être examinée tant au dedans qu'au dehors. C'est un des plus beaux morceaux d'architecture privée qui soient à Lyon.

Place Louis-le-Grand, ou de Bellecour.

Sa superficie totale est d'environ 6 hectares (60,000 mètres).

Au centre s'élève la statue équestre de Louis XIV. — Ce bronze colossal est l'œuvre de Lemot, sculpteur lyonnais. — Les deux bâtiments symétriques, appelés *Façades de Bellecour*, sont des propriétés privées.

Place Napoléon.

Cette place est ornée d'une statue équestre de Napoléon Ier, par M. de Niewerkerke, sculpteur parisien.

Au-delà de cette place, s'étend du Rhône à la Saône le cours Napoléon, borné au midi par la gare du chemin de fer de la Méditerranée.

Après avoir jeté un coup d'œil sur le pont viaduc au moyen duquel ce chemin franchit le Rhône, on remarquera les quais de la *Charité* et du *Prince Impérial*, entre lesquels coule ce fleuve. Ils ont été élargis, exhaussés et totalement reconstruits en 1863 et 1864.

Hôtel-Dieu.

Cet édifice est le siége de l'administration des hospices civils de Lyon. — Cette administration dispose de ressources considérables, qui se composent des revenus d'immeubles très-nombreux et très-importants, et de rentes sur l'Etat s'élevant à plus de 200,000 francs. — L'Hôtel-Dieu de Lyon présente un assemblage de constructions remontant à diverses époques. — Celles qui ont un caractère vraiment monumental bordent le quai du Rhône, sur une longueur de 310 mètres. — Le bâtiment qui est à l'extrémité méridionale, est occupé par un école secondaire de médecine. — La façade de l'Hôtel-Dieu a été bâtie vers le milieu du xviiie siècle, sur les dessins du célèbre architecte Soufflot ; toutefois, ces dessins donnaient au dôme central beaucoup plus d'élévation qu'il n'en a reçu.

L'Hôtel-Dieu de Lyon mérite d'être examiné d'une manière complète. — Les voyageurs pressés, visiteront au moins la salle dite du Dôme, la Pharmacie et la Chapelle, où se trouvent quelques tableaux estimés.

Cathédrale Saint-Jean.

Edifice gothique, dont le style dominant est celui du xiiie siècle. — L'extérieur a beaucoup souffert durant les guerres religieuses. — Les extrémités supérieures paraissent inachevées.

Visiter la chapelle de Bourbon à droite en entrant. — Dans la branche gauche du transept, se trouve une horloge curieuse par la complication de son mécanisme, et qui date du xvie siècle.

Dans celle des quatre tours qui sert de clocher, on voit un bourdon de 2 mètres 20 centimètres de hauteur. Son poids est d'environ 10,000 kilogrammes ; et sa sonorité est à la fois riche et puissante.

Les boiseries du chœur, quelques tableaux et deux statues en marbre blanc méritent de fixer l'attention.

((Longueur, 90 mètres; largeur, 35 mètres.)

Palais de Justice.

Construit sous le règne de Louis-Philippe, par M. Baltard père, architecte, membre de l'Institut. — Cet édifice a 85 mètres de face sur une profondeur de 70 mètres.

A l'extérieur, il n'a de monumental que son péristyle, formé de vingt-quatre colonnes. — A l'intérieur, on remarquera : la salle des Pas-Perdus, et dans le fond de cette salle, un bas-relief sculpté par M. Guillaume Bonnet, représentant la *Justice protectrice et répressive*. La salle des Pas-Perdus est séparée du péristyle par une cloison qui passe pour un beau travail de serrurerie.

La salle des Assises et la première chambre de la Cour impériale sont assez richement décorées.

Fourvière.

La chapelle de Notre-Dame de Fourvière occupe le point culminant de la chaîne de collines qui domine la rive droite de la Saône. — C'est un sanctuaire célèbre et sans cesse visité par de nombreux pèlerins.

La tour, ainsi que la coupole qu'elle supporte, sont de construction moderne. La statue en bronze doré, qui couronne l'édifice, a été modelée par M. Fabisch, sculpteur lyonnais. Sa hauteur est de 5 mètres 60 centimètres

De la terrasse de Fourvière, et surtout de la tour du sanctuaire, l'œil embrasse le panorama de la cité lyonnaise, et plonge dans les plus lointaines perspectives. Pour jouir pleinement de cette vue magnifique, l'étranger doit monter à Fourvière un peu après le lever du soleil, et choisir un jour où le ciel soit pur et où règne le vent du midi.

Parc de la Tête-d'Or.

Le parc de la Tête-d'Or a été créé sur des terrains acquis des Hospices par la ville de Lyon, en 1857. — Sa superficie est d'environ 100 hectares.

L'entrée principale est à l'ouest ; on y arrive par le quai d'Albret.

Si, de ce point, on tire une ligne partageant le parc en deux moitiés à peu près égales, on aura, à gauche, une partie purement de paysage et d'agrément, et à droite, une autre partie, où sont situés divers établissements utiles à l'étude des sciences naturelles.

Dans la première, on remarquera un lac d'une étendue considérable, parsemé d'îles, et dont la rive orientale est bordée de collines artificielles. Au fond d'un petit golfe, on aperçoit un élégant chalet, rendez-vous des promeneurs, qui y trouvent des rafraîchissements de toute sorte et une excellente cuisine.

Dans la seconde moitié du parc, on visitera avec intérêt : le Conservatoire, le Jardin botanique, l'Orangerie, la Volière, le Parc aux daims, le Parc aux moutons, et le ruisseau de la Tête-d'Or, où s'ébattent des palmipèdes de toutes les espèces.

Eglise Saint-Nizier.

Le gros œuvre de cette église est construit dans le style gothique du xve siècle. — Dans le siècle suivant, Philibert Delorme, célèbre architecte lyonnais, exécuta, dans le goût de la Renaissance, le portail qui est au centre de la façade. — De nos jours, l'église Saint-Nizier a été l'objet d'une complète restauration à l'intérieur. — La flèche ajourée, qui surmonte la tour méridionale, ne date que de quelques années. Elle a été bâtie sur les dessins et sous la direction de M. Benoît, architecte lyonnais. Sa hauteur au-dessus du sol est de 60 mètres.

(Longueur, 60 mètres ; largeur, 30 mètres.)

Eglise d'Ainay.

Très-ancienne église abbatiale, rangée parmi les monuments historiques, et placée, à ce titre, sous le patronage de l'Etat.

L'église d'Ainay, de style roman, a été, depuis 1850, l'objet d'une restauration presque générale et savamment étudiée.

Remarquer : 1° la chapelle de la Vierge qui est à droite, et où se trouve une statue estimée, dont l'auteur est M. Bonassieux ; 2° la mosaïque du sanctuaire et le maître-autel ; 3° les peintures qui décorent les trois absides, et qui sont l'œuvre d'Hippolyte Flandrin ; 4° la chaire, dont le dessin a été fourni par M. Questel, architecte de Paris, inspecteur général des édifices diocésains.

Chemin de fer de la Croix-Rousse.

L'exploitation de ce railway a commencé en 1862.
C'est un plan incliné offrant une pente de 16 %. — Sa longueur est d'environ 500 mètres, que les wagons parcourent en trois ou quatre minutes.

La traction s'opère au moyen de câbles métalliques, dont la force de résistance est surabondante, et qu'une machine fixe enroule et déroule. Indépendamment de la sécurité que doit inspirer la solidité de ces appareils, un frein automoteur, adapté à chaque véhicule, garantit les voyageurs contre toute chance d'accident.

Sur le plateau de la Croix-Rousse, et à quelques mètres du point où finit le railway dont il vient d'être question, on trouve l'embarcadère d'un second chemin de fer, qui mène en quelques minutes au village de Sathonay, situé à six kilomètres de Lyon. Là est établi un camp de 4 à 5,000 hommes, dont l'installation mérite d'être visitée.

Bibliothèque de la Ville.

Riche de plus de 150,000 volumes et d'un grand nombre de manuscrits précieux.

L'entrée de cet établissement est rue de la Bourse. Il est enclavé dans les bâtiments du Lycée impérial.

Institution de La Martinière,
RUE DES AUGUSTINS.

École professionnelle, où 400 élèves sont instruits gratuitement. — Renommée pour l'excellence de ses méthodes d'enseignement. — On y peut visiter un musée de machines et métiers exécutés sur échelle réduite.

Cours des Chartreux.

Promenade dont l'établissement est postérieur à la révolution de 1848. — Le cours des Chartreux est, pour ainsi dire, taillé en corniche sur les flancs de la colline des Chartreux, à une hauteur d'environ 50 mètres au-dessus du niveau de la Saône. Sa longueur est d'environ 800 mètres. — On y arrive sans fatigue, en partant de la place des Terreaux et en gravissant les rues Terme, du Jardin-des-Plantes et de l'Annonclade, trois rues dont la pente est très-modérée.

Le cours des Chartreux est bordé, à gauche, de squares ouverts au public. Le panorama intérieur de Lyon s'y présente au promeneur sous ses aspects les plus pittoresques.

L'église des Chartreux, qui occupe le faîte de la colline, mérite d'être vue. Son maître-autel est le plus riche qui soit à Lyon.

Bateaux à vapeur-Omnibus.

Depuis 1863, il circule sur la Saône des bateaux à vapeur légers et rapides, faisant l'office d'omnibus d'eau.

En s'embarquant sur l'un de ces steamers, on peut, moyennant une rétribution de quelques centimes, parcourir, en moins de deux heures (aller et retour), la ville de Lyon dans toute sa longueur, et contempler une succession de sites variés et réellement admirables.

Statue du maréchal Suchet,
DUC D'ALBUFERA.

Cette statue, qui a été donnée à la ville de Lyon par la famille du maréchal Suchet, s'élève en face de la maison que cet illustre capitaine habita dans sa jeunesse. Elle est l'œuvre de M. Dumont, membre de l'Institut. — Inaugurée en 1857.

Fontaine de la place Louis XVI.

En 1860, Napoléon III, visitant Lyon, décréta l'affranchissement des ponts sur le Rhône. Les habitants de la rive gauche de ce fleuve ont voulu perpétuer le souvenir de ce décret, en élevant la fontaine monumentale que l'on voit aujourd'hui au centre de la place Louis XVI, et dans l'axe du pont Morand.

Cette fontaine a été construite sur les dessins de M. Desjardins, architecte de la ville de Lyon. Les figures qui la décorent sont de M. Guillaume Bonnet.

La dépense totale s'est élevée à un peu plus de 100,000 francs, somme dont la Ville a fourni les deux cinquièmes.

Quais du Rhône et de la Saône.

A la suite des inondations de 1856, et pour prévenir le retour des désastres qu'elles causèrent, l'Etat et la Ville de Lyon ont fait reconstruire et exhausser, à frais communs, les quais du Rhône et de la Saône. Ils se développent sur quatre lignes, dont la longueur totale est d'environ 30 kilomètres. Les quais du Rhône présentent une succession continue de terrasses ombragées et pourvues de bancs de repos. Ceux de la Saône sont également ornés de plantations, sur tous les points où l'on a pu disposer d'un espace suffisant.

Temple des Protestants.

Sur la rive droite de la Saône. C'est l'ancienne loge du Change, bâtie sur les dessins de Soufflot, et l'un des meilleurs ouvrages de cet architecte célèbre (1749).

Chapelle Evangélique.

Située rue Lanterne. — Construite il y a huit ans.

Temple Israélite.

Situé quai Tilsitt. — De construction toute récente. — Ouvert à l'exercice du culte en 1864. — Architecte : M. Hirsch.

Casernes d'artillerie de la Part-Dieu.

Situées à droite du cours Lafayette. — Construites par le génie militaire, de 1848 à 1864.

Elles sont disposées symétriquement autour d'un champ de manœuvres quadrilatéral.

Les casernes de la Part-Dieu forment une cité militaire occupant une superficie de plus de 16 hectares.

Eaux de la ville de Lyon.

Les eaux dont on se sert à Lyon pour les besoins publics et privés sont celles du Rhône.

Le service de distribution n'a été mis en activité que vers la fin de 1856.

C'est la Compagnie générale des Eaux de France qui a créé et organisé ce service.

Son usine et ses bassins filtrants sont situés sur la rive droite du Rhône, à quelques mètres en aval du pont viaduc du chemin de fer de Genève. — Ces travaux ont été exécutés sous la direction de M. Aristide Dumont, ingénieur des ponts et chaussées.

NOTIONS GÉNÉRALES.

La population de l'agglomération lyonnaise, constatée par le dernier recensement quinquennal, est de 318,000 âmes.

Lyon est divisé en cinq arrondissements communaux, pourvus chacun d'un maire et de deux adjoints, dont l'attribution principale consiste dans la tenue des registres de l'état civil et dans l'accomplissement des formalités qui s'y rapportent. — Quant à l'administration municipale de l'agglomération lyonnaise, elle appartient au Préfet du Rhône, assisté d'un Conseil dont les membres sont nommés par l'Empereur.

Lyon est le siége de l'un des six grands commandements militaires de l'Empire ;

Le siége d'une Cour impériale, dont le ressort embrasse les départements du Rhône, de la Loire et de l'Ain ;

Le siége d'un archevêché, dont la juridiction diocésaine comprend les départements du Rhône et de la Loire.

Lyon est desservi par six chemins de fer, savoir :
De Lyon à Paris, par la Bourgogne ;
De Lyon à Marseille, par la rive gauche du Rhône ;
De Lyon à Paris, par Saint-Etienne, Roanne et le Bourbonnais ;
De Lyon à Genève, avec deux embranchements : l'un sur Bourg, l'autre sur le chemin Victor-Emmanuel ;
De Lyon à Chambéry, par Grenoble ;
De Lyon à Bourg par la Dombes. (Ce dernier actuellement en construction.)

Trois journaux politiques quotidiens se publient à Lyon : ce sont, par ordre d'ancienneté, le *Courrier de Lyon*, le *Salut public* et le *Progrès*.

Les principales industries de Lyon, sont : la fabrication des étoffes de soie, en tous genres, — la broderie et passementerie, — la teinturerie, — la chapellerie, — la cuivrerie et bijouterie fausse, — l'orfévrerie religieuse, — la fabrication des produits chimiques, — celle de la bière, — celle des machines et appareils pour usines, — l'ébénisterie, — la carrosserie, — la typographie.

FIN.

www.ingramcontent.com/pod-product-compliance
Lightning Source LLC
Chambersburg PA
CBHW070455080426
42451CB00025B/2743